Hans Kruppa

Ich wünsch dir Glück & Zuversicht

benno

Der Weg zur Freude

Willst du den Weg
zur Freude gehen?
Dann zieh dir die Schuhe
des Vertrauens an,
die Jacke der Zuversicht,
setz dir den Hut
des Mutes auf
und steck dir
die Schlüssel der Geduld
und der Gelassenheit
in die Tasche,
mit denen du die Türen
zum Glück öffnest.

Glückwünsche

Ich wünsche dir Glück,
deinem Herzen Liebe,
deiner Seele Höhenflüge,
deinem Leben den besten Weg,
deinem Denken Weisheit
und deinem Handeln Mut.

Und ich wünsche dir Zeit,
denn sie ist der
Atem der Freiheit.

Der größte Schatz

Ich wünsch dir
Freude und Glück –
und daß du niemals
deinen Weg verlierst;
daß du genug Gründe
zu lächeln und zu lachen hast,
aber auch die Traurigkeit verstehst,
wenn sie dir etwas sagen will –

und daß du immer mit Augen siehst,
die Liebe zu entdecken wissen,
denn sie ist der größte Schatz
in unserem Leben.

Ermutigung

Steh zu dir,
sooft du auch
gefallen bist.

Nimm dich wahr,
wie lange du dich
auch verleugnet hast.

Bleib dir treu,
sooft du dich auch
noch betrügen magst.

Geh mit dir,
und wenn du dich
tausendmal in die Irre führst.

Nick dir zu,
selbst wenn die ganze Welt
den Kopf über dich schüttelt.

Glaub an dich,
dann hast du einen Glauben,
der dir weiterhilft.

M

Im Haus meines Lebens

Im Haus meines Lebens
soll Heiterkeit herrschen,
Freude, Musik und Tanz.
Leichtigkeit soll die Zimmer erfüllen,
Lebenslust in der Luft liegen
und Wärme durch die Fenster strömen.

Meinen geliebten Gästen
soll es ein Stück Heimat sein,
ein Ort des Friedens und der Harmonie,
den sie erfrischt und gestärkt verlassen –
mit dem Wunsch,
bald wiederzukehren.

Im Haus meines Lebens
soll Zuversicht wohnen,
Schönheit alle Wände durchdringen
und Poesie in allen Räumen wirken.

Das Leichtere

Es ist leichter zu denken
als zu fühlen –
leichter, Fehler zu machen,
als das Richtige zu tun.

Es ist leichter zu kritisieren
als zu verstehen –
leichter, Angst zu haben
als Mut.

Es ist leichter zu schlafen
als zu leben –
leichter zu feilschen,
als einfach zu geben.

Es ist leichter zu bleiben,
was man geworden ist,
als zu werden,
was man im Grunde ist.

Beschränke dich nicht

Gib dich nicht
mit dem zufrieden,
was dich nicht befriedigt.

Finde dich nicht
mit dem ab,
was du nicht gesucht hast.

Beschränke dich nicht
auf das,
was dich beschränkt.

Gewöhne dich nicht
an das,
was dich gewöhnlich macht.

Tagesprogramm

Heute will ich
aus dem Rahmen fallen
und weich landen,
dann zu der Musik
in meinem Kopf
schön aus der Reihe tanzen,
mich zum Ausruhen
zwischen die Stühle setzen,
danach ein bißchen
gegen den Strom schwimmen,
unter allem Geschwätz wegtauchen
und am Ufer der Phantasie
so lange den Sonnenschein genießen,
bis dem Ernst des Lebens
das Lachen vergangen ist.

Glaub an dich

Laß dich nicht unterkriegen –
nicht alle Menschen sind so
wie die, die dich enttäuschten.

Laß dich nicht verbiegen –
es gibt Menschen,
die dich so brauchen, wie du bist.

Laß dich nicht besiegen –
von denen, die meinen,
sie hätten leichtes Spiel mit dir.

Bewahre den Glauben an dich –
und du wirst Menschen finden,
die ihn mit dir teilen.

Unhaltbar

Kein Glück ist von Dauer,
aber auch kein Unglück –
die Vergänglichkeit ist
eine zuverlässige Kraft.
Doch das ist kein
Grund zur Resignation,
sondern ein zusätzlicher Reiz,
das Glück in vollen Zügen
zu genießen,
gerade weil es sich
nicht halten läßt.

Ungewißheit

Ein Unglück kann sich
als Glück herausstellen,
ein Glück kann Unglück bringen.
Das Schlechte kann den Weg
ins Gute öffnen,
das Gute kann schlecht werden.
Gewiß ist nur die Ungewißheit,
verläßlich allein der Wandel.

Das Leben weiß es besser als wir –
es sei denn, wir sind eins mit ihm.

Liebe ist wichtiger

Liebe ist wichtiger
als Zwänge, Ängste
und alle noch so
hochvernünftigen Erwägungen,
wichtiger als die Zukunft,
wichtiger als Geduld
und die besten Absichten,
wichtiger als Kompromisse,
Hoffnungen und guter Wille,
so unermeßlich wichtiger
als alle Worte, aller Trost
und alle sogenannten
Notwendigkeiten.

Frag nicht warum.

Überlegungen

Wer so lachen kann wie du,
sollte eine Sprache erfinden,
die alle Welt versteht.

Wer so weinen kann wie du,
sollte allabendlich im Fernsehen
die Nachrichten verlesen.

Wer so schweigen kann wie du,
sollte den Mund
nur noch zum Küssen öffnen.

Wer so leiden kann wie du,
sollte Mutter Erde um Verzeihung bitten
für die Zerstörungswut der Menschenkinder.

Wer so lieben kann wie du,
sollte immer dort sein,
wo die Angst am größten ist.

Bibliografische Information der Deutschen Nationalbibliothek
Die Deutsche Nationalbibliothek verzeichnet diese Publikation in der Deutschen Nationalbibliografie; detaillierte bibliografische Daten sind im Internet über http://dnb.d-nb.de abrufbar.

Quellenverzeichnis

Texte und Fotos: © Hans Kruppa
www.hans-kruppa.de

Ornamente: © japonka / fotolia.de

Besuchen Sie uns im Internet:
www.st-benno.de

Gern informieren wir Sie unverbindlich und aktuell auch in unserem Newsletter zum Verlagsprogramm, zu Neuerscheinungen und Aktionen. Einfach anmelden unter www.st-benno.de (newsletter@st-benno.de).

ISBN 978-3-7462-3437-3

Stammerstr. 11, 04159 Leipzig
Umschlag: Ulrike Vetter, Leipzig
Gesamtherstellung: Arnold & Domnick, Leipzig (A)